NOTICE

SUR MR CÉSAR RIBIER,

CURÉ DE LARAJASSE,

DÉCÉDÉ LE 14 MAI 1826.

AUX

HABITANS DE LARAJASSE.

Bons Habitans de Larajasse , permettez à un ami de votre vénérable Curé , qui trouve une véritable consolation à mêler ses larmes avec les vôtres , de vous faire hommage de cette Notice , dans laquelle il s'est efforcé de retracer , autant qu'il a été en lui , les vertus de ce saint Prêtre.

En le pleurant , vous ne vous affligez point comme ceux qui n'ont pas d'espérance , car vous êtes assez heureux pour ne pas connoître les froides et tristes maximes que viennent nous débiter sans cesse ces hommes qui se disent philosophes , et qui voudroient désenchanter notre vie de tout le charme que lui prête la pensée de l'éternité.

Ah ! gardez-vous des faux prophètes ; car si vous prêtiez malheureusement l'oreille aux paroles insinuantes de ces hommes pervers, bientôt, éblouis par les lumières trompeuses d'un siècle corrompu, vous perdriez les principes fixes et certains que votre digne Pasteur a si bien su conserver parmi vous ; et, avec eux, vous perdriez sans retour la simplicité des mœurs, la paix et le bonheur

NOTICE

SUR

MONSIEUR CÉSAR RIBIER,

CURÉ DE LARAJASSE,

Décédé le 14 Mai 1826.

> Fidelis servus et prudens quem constituit
> Dominus super familiam suam.

Lᴇ Diocèse de Lyon vient de faire une perte qui sera généralement sentie par tous les amis de la religion.

Monsieur César Ribier, curé de Larajasse, paroisse recommandable par la piété de ses habitans, vient de succomber à une maladie longue et douloureuse, qui l'a enlevé du milieu de ses paroissiens, de sa famille et de ses amis, pour le mettre en possession, nous osons l'espérer, de la récompense éternelle que ses vertus lui ont méritée.

Il naquit à Lyon, dans la paroisse de Saint-Nizier, et fut élevé par les soins d'un de ses oncles, négociant dans la petite ville de Saint-Chamond. Dès ses premières années, il faisoit pressentir, par l'aménité et la douceur de son caractère, les vertus qui devoient le distinguer si éminemment dans la suite.

Parvenu à l'âge où un jeune homme choisit ordinairement l'état qu'il doit embrasser, il examina soigneusement sa vocation; il balança quelque temps entre l'état de médecin et l'état ecclésiastique, mais enfin, après de sérieuses réflexions, il se détermina pour le dernier, et entra au séminaire de Saint-Irénée de Lyon, pour y faire son cours de théologie : il s'y distingua par son application à l'étude, son exactitude à observer la règle, l'égalité de son humeur, et surtout par sa piété. Ses excellentes qualités lui acquirent à juste titre l'estime de ses supérieurs et l'attachement de ses condisciples; il lui étoit donné, dès lors, de gagner les cœurs de tous ceux qui avoient avec lui quelques rapports.

Elevé au sacerdoce, il fut chargé du soin de la paroisse de Farnay, annexe de Saint-Paul-en-Jarrest. Exemplaire dans sa conduite, appliqué aux devoirs de son ministère, zélé pour le salut des âmes qui lui étoient confiées, charitable jusqu'à se dépouiller de ses vêtemens en faveur des pauvres, il gagna la confiance de tous les bons chrétiens de cette annexe. Sa mémoire y est encore en vénération.

Nos troubles révolutionnaires étoient alors déjà commencés; les prêtres fidèles à leurs devoirs étoient abreuvés d'injures et de mauvais traitemens de toute espèce. On exigeoit d'eux un serment de soumission à une prétendue constitution civile du clergé, décrétée par l'assemblée dite constituante, en novembre 1790. M. Ribier, invariable dans ses principes et fermement attaché à l'unité de l'Eglise et à son premier pasteur, refusa de le prêter, même avant que ce serment fût solennellement condamné par le saint Siége (dans son bref du 13 avril 1791), parce qu'il savoit que Mgr. de Marbeuf, alors archevêque de Lyon, le désapprouvoit.

A cette époque, il fut soumis à une épreuve qui montra en même temps toute la vivacité de sa foi, la douceur de son caractère et la vénération dont il étoit déjà l'objet, quoiqu'il fût encore fort jeune (il n'avoit guères que vingt-neuf ans). Il fut arrêté dans sa paroisse par un groupe de scélérats, parmi lesquels se trouvoient des gens qu'il avoit comblés de bienfaits. Ayant fait quelques pas, il s'aperçut qu'il avoit oublié son nouveau Testament. J'ai oublié mon nouveau Testament, dit-il; permettez-moi de l'aller chercher. Muni de ce livre, qui a consolé tant de martyrs, il reprit le chemin de Saint-Paul-en-Jarrest. Il nous sembloit voir, disoit encore il y a peu de temps un des témoins de cette scène, il nous sembloit voir notre Seigneur au milieu de cette troupe furieuse qui osa se saisir de lui au jardin des Olives, tant la physionomie douce et paisible de ce saint Prêtre contrastoit avec la rage et la fureur des satellites de la révolution. Parvenu à Saint-Paul, on l'accuse, on le calomnie; enfin, après l'avoir accablé d'injures, on le conduit en prison: *Adieu mes amis, je vous remercie*, dit-il alors avec douceur, *c'est aujourd'hui le plus beau jour de ma vie.* Et en effet, dans ce jour il avoit acquis le titre glorieux de confesseur de la foi.

Peu de temps après, il fut mis en liberté; mais il n'étoit pas possible de rester plus long-temps dans une paroisse où sa vie étoit exposée; il fallut se décider à la quitter. Il se retira à Lyon, et fut ensuite chercher un asile sur une terre étrangère. Il occupa ses loisirs, pendant son exil , à acquérir quelques connoissances en médecine , espérant que cette étude lui faciliteroit les moyens , en rendant la santé aux corps , de procurer le salut des âmes.

Mais , au milieu de ces soins , en quelque sorte étrangers à son ministère , il brûloit du désir de se rendre utile à son pays , livré alors à toutes les fureurs de la révolution. Un rayon d'espérance sembla luire sur la France en 1795 ; notre saint Prêtre profita avec empressement de ce moment de calme pour s'y introduire. Le diocèse de Lyon , dont Mgr. de Marbeuf étoit archevêque , étoit alors gouverné par un conseil composé des vicaires-généraux de sa Grandeur , et divisé , d'après un plan approuvé par Mgr. l'Archevêque , en missions , qui facilitoient l'administration des secours spirituels aux fidèles. Plusieurs des membres du conseil connoissoient le mérite de M. Ribier. Il fut désigné pour remplir les fonctions de secrétaire du conseil, et Mgr. l'Archevêque applaudit à ce choix.

Dans les circonstances critiques où l'on se trouvoit , le conseil ne pouvoit pas se réunir aussi souvent que les affaires du diocèse l'eussent exigé ; dans les intervalles des assemblées , M. Ribier travailloit avec l'un de MM. les vicaires-généraux, qui avoit entre les mains la presque totalité de l'administration. Il se fit bientôt connoître avantageusement par les chefs de missions et les missionnaires. La correspondance lui étoit facile ; elle étoit précise, prudente, douce et honnête : il se faisoit remarquer surtout par la justesse de son jugement. Aussi n'eut-il pas de peine à se concilier l'estime de tous ceux avec qui ses fonctions importantes le mettoient en rapport. Il fit également admirer sa prudence dans des missions souvent pénibles et délicates, qu'il terminoit presque toujours à la satisfaction de tout le monde.

Il joignoit à ces occupations administratives, dans lesquelles il rendoit tant de services importans au conseil et au diocèse, les travaux du saint ministère; véritable missionnaire évangélique, il trouvoit encore un temps considérable à employer pour instruire les fidèles et diriger les âmes dans les voies du salut.

M. Ribier continua jusqu'à l'année 1802, à exercer les fonctions diverses qui lui avoient été confiées par ses supérieurs, d'abord sous Mgr. de Marbeuf, et ensuite sous M. Verdolin, administrateur apostolique, nommé par le saint Siége; mais, à cette époque, la nouvelle organisation du diocèse changea sa position, et, de secrétaire du conseil, il devint vicaire de Saint-Nizier de Lyon. Là, comme ailleurs, il se fit chérir de ses confrères. M. Besson, curé de Saint-Nizier, aujourd'hui évêque de Metz, sut l'apprécier; il avoit pour lui une affection toute particulière.

Le zèle de M. Ribier pour le salut des âmes sembloit avoir pris une nouvelle activité. Ce zèle infatigable ne se bornoit pas aux seuls paroissiens de Saint-Nizier, il s'étendoit à une multitude de fidèles de toute la ville, qui n'avoient pas cru pouvoir mieux placer leur confiance. Annoncer la parole de Dieu, entendre les confessions des fidèles, donner des conseils, des avis, des consolations, en un mot, se faire tout à tous pour les gagner tous à Jésus-Christ, telle étoit la vie de ce saint Prêtre.

Il sembloit qu'un sujet aussi distingué par ses talens et ses vertus devoit être appelé à remplir un poste éminent dans la ville archiépiscopale; il n'en fut pas ainsi: le Seigneur vouloit éprouver son serviteur. Aussi, par des motifs sur lesquels nous jetterons un voile, et qu'il ne nous appartient pas de juger, il fut, au commencement de 1807, comme arraché de Saint-Nizier, et ce trésor inappréciable fut relégué dans une petite paroisse des montagnes du Lyonnais, dont le nom est Larajasse, et qui est située à une lieue et dans le canton de Saint-Symphorien-le-Château.

Les liens si tendres que la charité et la reconnoissance avoient formés entre ce digne prêtre et tant de personnes qui lui avoient donné leur confiance, ne firent que lui rendre plus sensible le coup qui le frappoit; toute la paroisse de Saint-Nizier, toute la ville de Lyon, on peut le dire, étoit dans la douleur; le cœur de M. Ribier, ce cœur si bon et si tendre, est ému des regrets qu'on lui témoigne; mais ses supérieurs ont parlé, il ne sait qu'obéir : Je partirai demain, dit-il; et, effectivement, il fait taire la voix de la nature et s'arrache à sa famille, qui le chérissoit, à ses nombreux amis et à tout le bien qu'il faisoit, pour se rendre au poste qui lui est assigné. C'est sur ce nouveau théâtre que nous allons maintenant le considérer.

Sans arrière-pensée et sans retour sur lui-même, M. Ribier se donna tout entier au peuple privilégié que le Seigneur lui avoit confié. La renommée de son mérite l'avoit précédé à Larajasse; aussi y fut-il reçu avec empressement. Il succédoit à un pasteur plein de bonnes œuvres, qui, depuis douze ans, avoit consacré tous ses soins à cette paroisse et aux paroisses circonvoisines, d'abord en qualité de missionnaire, et ensuite avec le titre de curé (1). Aussi c'étoit une terre

---

(1) M. d'Œuvre, enfant de l'église primatiale de Lyon, avoit été envoyé par le conseil archiépiscopal, à Larajasse et aux environs,

bien préparée. M. Ribier s'efforça de la cultiver avec soin ; il s'informa de la forme du gouvernement de son prédécesseur, et crut ne pouvoir mieux faire que de marcher sur ses traces. Son zèle parut prendre encore de nouveaux accroissemens : courses, fatigues, désintéressement, éclat et majesté dans les cérémonies augustes de notre sainte religion, rien ne fut négligé par ce bon pasteur pour faire régner Jésus-Christ dans sa paroisse. Il avoit puisé sa douceur dans le cœur sacré de Jésus, pour lequel il avoit une dévotion particulière, dévotion qu'il s'efforçoit d'inspirer à ses paroissiens ; et c'est de cette source adorable que sortoient ces instructions toutes brûlantes de l'amour de Dieu qu'il adressoit à son peuple. Sa religion étoit, en effet, une religion toute d'amour. *Tout pour Dieu, tout avec Dieu*, disoit-il souvent, *et rien sans Dieu*. Comme saint Jean, il répétoit aussi : *Mes enfans, aimez-vous les uns les autres*. Aussi, l'expression de sa physionomie étoit si bien l'expression de la charité, que sa présence seule suffisoit pour rappeler leurs devoirs à ses paroissiens.

Ses premières pensées se portèrent sur la jeunesse : catéchismes, instructions familières, avis particuliers, tout fut employé par le nouveau pasteur pour la former à la vertu ; il la prémunissoit contre les dangers qui auroient exposé son innocence, veilloit sur ses bonnes

---

en qualité de missionnaire. Il mourut à Lyon, au commencement de janvier 1807, dans un âge où on pouvoit espérer de le conserver encore long-temps. Les paroissiens sollicitèrent et obtinrent la permission de transporter à Larajasse sa dépouille mortelle. Cette translation se fit avec solennité. Ce saint curé fut enterré dans son église, dans laquelle une épitaphe, gravée sur une planche de cuivre, rappelle le souvenir de ses vertus.

mœurs et l'accoutumoit à remplir avec joie les devoirs du chrétien et les pratiques de la piété. Il lui inspiroit une tendre dévotion envers la sainte Vierge, et pour conserver et augmenter dans sa paroisse cette dévotion qu'il possédoit si bien lui-même, il y établit la confrérie du Rosaire.

Chaque année, M. Ribier faisoit sa visite pastorale dans toute l'étendue de sa paroisse ; chaque famille le recevoit avec joie et avec respect ; là, il encourageoit ses paroissiens à la pratique de la vertu, leur donnoit ses conseils, même pour leurs affaires temporelles, partageoit leurs peines, les consoloit, les encourageoit à les supporter avec patience. Il apaisoit les querelles de ménage, reprenoit en particulier ceux qui ne remplissoient pas leurs devoirs de religion, les pères et mères qui ne surveilloient pas leurs enfans, ou ne leur donnoient pas le bon exemple ; mais il mettoit tant de douceur dans ses avis, et même dans ses réprimandes, qu'il inspiroit presque toujours aux coupables un sincère repentir qui se manifestoit par leurs larmes. Il s'informoit de la conduite des enfans, distribuoit des images à ceux dont les parens étoient contens, reprenoit ceux dont on avoit à se plaindre, et terminoit sa visite en donnant sa bénédiction à tous les membres de la famille. Mais écoutons-le parler lui-même : voici ce qu'il écrivoit, il y a quelques années, à ce sujet, à un de ses intimes amis : « Vous ne sauriez croire les » consolations que j'éprouve dans ma visite pastorale. » Ces braves gens me voient avec plaisir, m'écoutent » attentivement, reçoivent avec reconnoissance mes » avis, mes conseils, les représentations que je leur » fais, les réprimandes que je suis obligé de leur adres- » ser. Cette visite est pénible, mon cher ami, mais j'y

» suis inondé de consolations. Je remercie Dieu des
» grâces qu'il y répand. Ma joie est si grande, mon
» bon ami, que je me dis quelquefois à moi-même : le
» bon Dieu voudroit-il me faire faire mon paradis en
» ce monde ? »

M. Ribier n'ignoroit pas combien la pompe des cérémonies de la religion contribue à inspirer la piété
aux fidèles ; il mit un soin particulier à tout ce qui pouvoit y donner quelque éclat et les rendre plus dignes
de celui qui en est l'objet : aussi, toutes les dépenses
qu'il a faites pour parvenir à cette fin seroient pour tous
ceux qui en ont été les témoins un juste sujet d'étonne-
ment, si on ne savoit pas que rien n'est impossible à
l'esprit de foi. Notre saint Pasteur en étoit tellement
pénétré, que pour lui, concevoir et exécuter, c'étoit
presque la même chose. C'est ainsi que successivement
il a agrandi son église, l'a décorée de trois autels en
marbre, a enrichi la sacristie de vases sacrés, d'orne-
mens magnifiques, a ouvert un nouveau cimetière, y a
construit une chapelle, où l'on vient chaque dimanche
prier pour les morts ; c'est ainsi que, dans les solenni-
tés de la religion, sans avoir égard à la dépense, il déployoit un appareil et une magnificence souvent égale
à tout ce qui peut se faire dans les églises de nos villes,
qui sont les mieux desservies.

Il avoit encore trouvé le moyen d'ajouter à cette
pompe extérieure, en réunissant un nombre considérable d'enfans de chœur. Pour rendre cette institution
aussi utile qu'elle pouvoit l'être, il avoit, peu d'années
après son entrée dans sa paroisse, établi une école où
il formoit les jeunes gens à la piété et au goût des cérémonies de l'Eglise, et leur faisoit faire en même
temps les études préliminaires qui pouvoient les disposer

par la suite à entrer dans l'état ecclésiastique. Cette
école comptoit 18 à 20 élèves qui recevoient l'instruction de professeurs choisis et logés par le Curé, sans
qu'il en coûtât rien aux parens.

Rien de plus édifiant que de voir ces nouveaux Sa-
muels, croissant à l'ombre du sanctuaire et apportant
dans les cérémonies une dignité et une piété admirable.

Chaque année, leur vénérable Curé renouveloit leur
ferveur en leur donnant une retraite, et excitoit leur
ardeur à l'étude et leur émulation en leur distribuant
des prix.

Plusieurs de ces jeunes gens sont parvenus au sacerdoce, et suivent, dans l'exercice du saint ministère,
les sages conseils de leur bienfaiteur.

Tout ce qui pouvoit édifier le prochain sembloit être
du ressort de M. Ribier. Des religieuses du sacré Cœur
de l'adoration perpétuelle vinrent lui demander d'éta-
blir leur maison dans sa paroisse. Après plusieurs en-
tretiens avec leur supérieure, il pensa qu'une pareille
communauté ne pouvoit que produire un grand bien
et augmenter la ferveur de son troupeau. Son zèle
parvint d'abord à leur procurer un asile provisoire ;
bientôt après il acheta et fit réparer une maison assez
considérable pour contenir cette communauté, qui
fut chargée de l'instruction des jeunes filles et reçoit
quelques pensionnaires. Ces saintes filles en ont pris
possession depuis quelques années, et leur piété est un
grand sujet d'édification pour la paroisse.

A ces soins d'administration, qui remplissoient la vie
de ce bon pasteur, M. Ribier joignoit encore tous ceux
que la tendresse pour des enfans chéris peut inspirer à
un bon père. Il avoit quelques connoissances en médecine, il en profitoit pour veiller à leur santé ; il étoit

aussi l'arbitre de leurs différens : presque toujours il les aplanissoit, et souvent c'étoit à ses dépens. Le trait suivant, entre mille autres, fera connoître un moyen qui lui étoit assez ordinaire pour rétablir la paix entre ses paroissiens. Deux d'entre eux avoient ensemble une contestation ; leur Curé les fait appeler, il les écoute ; ces hommes étoient fort animés l'un contre l'autre, comme il arrive presque toujours lorsqu'il s'agit d'affaires d'intérêt : il n'étoit question cependant que de trente francs. *Allons, mes amis,* leur dit enfin leur Curé, *vous êtes en différent de dix écus, les voici, prenez-les, mais embrassez-vous et vivez en paix.* La réconciliation fut bientôt faite : les parties, ainsi hors de cour et de procès aux dépens du juge, s'en retournèrent en paix, en bénissant Dieu de leur avoir donné un tel pasteur.

M. Ribier n'étoit pas seulement l'arbitre de ses paroissiens ; il l'étoit aussi des habitans et même des curés des cantons voisins. Il étoit également leur conseil, soit pour la direction des consciences, soit pour l'administration de leurs paroisses.

La considération dont il jouissoit, et l'estime dont il étoit environné étoit si générale, qu'il étoit consulté de presque toutes les parties du diocèse de Lyon et d'un grand nombre de diocèses étrangers.

Mgr. Devie, évêque de Belley, l'honoroit d'une amitié particulière. Ce vénérable prélat, aussi éclairé que pieux, avoit apprécié depuis long-temps le mérite du Curé de Larajasse ; il eût bien désiré profiter de ses lumières, en se l'attachant en qualité de son premier vicaire-général ; il le pressa fortement, et avec instance, d'accepter ce poste important ; et pour l'y décider, il fit valoir tous les motifs que l'intérêt de la gloire de Dieu et le bien spirituel du prochain pouvoient lui fournir.

Le cœur de M. Ribier est vivement ému , il ne veut faire que la volonté de Dieu ; mais , d'une part , son ancienne amitié pour le prélat , les services qu'il peut rendre à ce nouveau diocèse , en se livrant aux détails de l'administration ; de l'autre , sa tendresse pour ses chers paroissiens , qui le regardoient comme leur père : ces diverses considérations oppressent son cœur.

Ses paroissiens, instruits des vives sollicitations de l'E-vêque, s'adressent avec ferveur à celui qui est le maître de toutes les volontés. Un respectable prêtre du diocèse de Lyon se trouvoit en ce moment à Larajasse : les princi-paux habitans , les autorités à leur tête, viennent le con-jurer de déterminer leur Curé à ne pas les quitter, et de dire des messes à cette intention. Mes amis , leur ré-pondit ce vénérable ecclésiastique , nous ne connois-sons pas les décrets de la Providence sur votre Pas-teur. Priez avec foi , ferveur et confiance ; faites aussi prier vos enfans , pour que la volonté de Dieu s'accom-plisse. Je célébrerai les messes que vous demandez, pendant mon séjour ; peut-être que Dieu , voyant votre soumission , vous accordera la grâce de conserver vo-tre Pasteur. Les prières eurent lieu ; elles se firent avec toute la ferveur qu'on pouvoit attendre de ces bons ha-bitans. Qui pourroit peindre leurs transports , lorsque leur Curé , après avoir consulté le Seigneur , leur adressa ces paroles : *Mes enfans , votre paroisse est l'é-pouse que Dieu m'a confiée , je ne vous quitterai pas. J'ai refusé la place que Mgr. de Belley m'a offerte dans sa bonté.* Aussitôt le *Te Deum* est chanté dans toute l'effusion de la joie et de la reconnoissance , et , le lendemain , toute la paroisse se pressa autour des saints autels pour remercier le Seigneur par une messe solennelle d'actions de grâces.

Monseigneur de Pins, Archevêque administrateur du diocèse de Lyon, connut bientôt les qualités supérieures qui distinguoient le Curé de Larajasse ; il voulut lui donner une haute marque de sa considération et de sa bienveillance, en lui promettant d'honorer sa paroisse de sa présence au jour de la fête de sainte Anne, qui en est la patronne. M. Ribier désira de préparer son troupeau à une aussi grande faveur, en lui obtenant le bienfait d'une mission; les exercices en furent donnés par les missionnaires du diocèse : il n'est pas difficile de penser que dans une terre si bien préparée cette grâce précieuse dut porter des fruits abondans. Et en effet, les exercices furent suivis avec assiduité, les communions furent nombreuses, et la plantation de la croix, qui avoit attiré non-seulement les fidèles de la paroisse, mais ceux des paroisses voisines, eut tout l'éclat que comportoit une cérémonie aussi imposante.

Enfin le moment arrive où le premier Pasteur du diocèse doit visiter la paroisse de Larajasse. Ses habitans n'ignoroient pas que c'étoit à leur Curé qu'ils devoient une faveur aussi inattendue; aussi, les sentimens de reconnoissance qui les animoient se reportoient-ils principalement sur le tendre père qui déployoit un si grand zèle pour leur procurer toutes les consolations spirituelles qui dépendoient de lui. Ce digne Curé avoit réuni autour de lui, pour recevoir le Prélat, un clergé nombreux et distingué. On remarquoit, dans cette réunion respectable, plusieurs de ces prêtres vénérables qui avoient partagé avec lui les travaux du saint ministère ou de l'administration, dans les jours mauvais; et surtout ce respectable vicaire-général de

Mgr. de Marbeuf (1) , qui, toujours à la tête de l'administration du diocèse pendant tout le temps que l'Eglise a été persécutée, avoit éprouvé alors tant de consolation à être secondé dans ses travaux apostoliques par M. Ribier.

Le son des cloches annonce l'arrivée de Monseigneur ; les jeunes gens volent à sa rencontre. Ils avoient préparé une espèce de char de triomphe, orné de fleurs ; ils espéroient que Monseigneur voudroit bien s'y asseoir. Mais si l'humilité du Prélat ne lui a pas permis d'accepter un semblable hommage, il n'a pas moins été touché du zèle et de l'esprit de foi dont ces braves gens étoient animés. Cependant le cortége approchoit de Larajasse ; on voit arriver successivement à la rencontre du premier Pasteur, sous les bannières qui les distinguent, les vierges, les femmes, les veuves, et enfin les hommes : tous célèbrent à l'envi, par leurs cantiques et leurs acclamations, les beautés de la religion et le bonheur d'être dirigés dans la pratique de ses devoirs par des pasteurs selon le cœur de Dieu. Enfin, le digne Curé a le bonheur d'offrir à son Evêque le tribut de son hommage. Hélas ! ce discours qui

----

(1) M. Linsolas, maintenant vicaire-général d'honneur et chanoine de l'église primatiale. Le diocèse de Lyon doit conserver une éternelle reconnoissance envers ce vénérable prêtre, qui lui a rendu, au péril de sa vie, de si éminens services. C'est lui qui a été le principal instrument dont la divine Providence s'est servie pour conserver parmi les fidèles de ce diocèse l'esprit de foi et de religion. C'est également lui qui, pour l'institution des petits séminaires et même le rétablissement du grand séminaire, a jeté le premier, pendant la persécution, cette précieuse semence qui maintenant porte ses fruits, et à laquelle nous devons ce clergé nombreux et éclairé qui fait la consolation et l'édification des fidèles.

devoit être l'expression de la joie fit une toute autre impression sur le cœur de ses amis. Le saint Prêtre sembloit pressentir sa mort prochaine. Il s'appliqua cette pensée du saint vieillard Siméon : *C'est maintenant Seigneur, que vous laisserez mourir en paix votre serviteur, puisque mes yeux ont vu au milieu du troupeau qui m'est confié, mon premier Pasteur.* Mais cette pensée si triste pour ses amis et pour sa paroisse, n'altéra point sa douce sérénité ; il reçut Monseigneur chez lui, avec cette grâce, cette affabilité, cette politesse simple et aimable qui le distinguoit toujours. Monseigneur donna la confirmation ; il fut témoin de la piété des habitans de Larajasse, dans la célébration de leur fête patronale, et ne sut, ainsi que les nombreux étrangers que cette fête avoit attirés, qu'admirer davantage ou des bons sentimens dont les paroissiens étoient animés, ou des éminentes vertus de ce Pasteur selon le cœur de Dieu, qui avoit su si bien mettre à profit le talent que le Seigneur lui avoit confié.

Ce vénérable Prêtre étoit mûr pour le ciel. Depuis trois ou quatre ans sa santé s'affoiblissoit sensiblement ; il perdoit la mémoire, il éprouvoit des suffocations, des crises de toux, des éteintes de voix qui l'obligeoient souvent de s'arrêter au milieu de ses instructions. Peu à peu son bras gauche se paralysa au point qu'il ne pouvoit presque plus s'en servir ; mais il conservoit toujours dans toute son intégrité l'excellent jugement dont le Seigneur l'avoit doué. Depuis plusieurs années il annonçoit confidemment à ses amis particuliers, qu'il croyoit n'avoir pas long-temps à vivre.

Enfin, le Seigneur a voulu récompenser ses vertus ; il l'a préparé à ce dernier instant par une maladie de soixante-neuf jours, pendant lesquels on ne lui a pas entendu proférer une seule plainte : *Jésus-Christ a bien plus souffert*, disoit-il souvent. Le jour où il eut le bonheur de recevoir le saint Viatique, animé par l'amour brûlant qui le dévoroit, il s'élance en quelque sorte de son lit de douleur pour voler au-devant du Dieu de son cœur, en s'écriant : *Deus, Deus meus !*

Deux jours avant sa mort, il perdit connoissance, ou du moins, s'il conservoit encore le sens intérieur, il lui étoit impossible d'en donner aucun signe. Mais, dans les derniers instans où il pouvoit encore manifester les sentimens de son cœur, il avoit chargé son vicaire de bénir ses paroissiens en son nom, de répandre cette bénédiction sur tous, mais en particulier sur les pécheurs, sur ce petit nombre de pécheurs qui avoient résisté à tous les efforts de son zèle pendant près de vingt années qu'il a exercé le ministère au milieu d'eux. Cette bénédiction solennelle, prononcée de son lit de mort, a été transmise à son peuple rassemblé dans l'église paroissiale, pour célébrer la fête de Pentecôte, au moment même ou le saint Pasteur entroit en agonie.

Il avoit toujours demandé de mourir au milieu de ses chers paroissiens ; et dans ce moment, où, sans connoissance, sur le point de rendre son âme à Dieu, il n'avoit plus qu'à s'endormir dans le Seigneur, les habitans demandent en foule et avec larmes à jouir encore une fois de la vue de leur vénérable Pasteur. Les portes de la cure leur sont ouvertes ; ils défilent avec respect autour de ce lit de mort ; tous les yeux sont baignés de pleurs, chacun témoigne à sa manière sa douleur et sa vénération ; les vieillards surtout paroissent accablés en se voyant précédés dans la tombe par ce digne Curé, qui tant de fois répandit sur eux des consolations et des bienfaits; les mères font approcher leurs enfans, qui, en voyant mourir le Juste, viennent apprendre à bien vivre; ces enfans qu'il aimoit si tendrement, qu'il bénissoit avec une si touchante émotion...... qu'il vient de bénir encore pour la dernière fois...... Enfin, tous les paroissiens ont été les témoins des derniers instans de leur digne Curé. Il a accompli tout le bien que le Seigneur demandoit de lui; il a achevé sa course, sa carrière est terminée; le ciel s'ouvre; son âme s'élance vers son Dieu, et va jouir pendant l'éternité des joies ineffables du ciel. Cette sainte mort a eu lieu le 14 mai, jour de la Pentecôte, à deux heures après midi, dans la soixante-quatrième année de son âge.

Bientôt les paroissiens apprennent que le sacrifice est consommé; ils reviennent à la cure avec un nouvel empressement. Leur Pasteur, revêtu de ses habits sacerdotaux, tenant un crucifix entre les mains, semble encore leur présenter l'image de Jésus sur la croix. Sa physionomie, contractée il y a quelques instans par la douleur, a repris son calme et sa sérénité ordinaire; le sourire est peint sur ses lèvres inanimées; chacun entre le cœur brisé de douleur, se sent saisi d'un saint respect, se prosterne, baise ces mains glacées, et tous répètent: *Le Saint est mort.*

Cependant la cloche funèbre a déjà retenti dans les airs et annoncé la perte cruelle que la paroisse de Larajasse vient de faire. Les habitans des paroisses voisines accourent en pleurant, et viennent joindre leurs larmes et leurs regrets à ceux des paroissiens; ils ont aussi perdu leur père, car les bienfaits de ce Pasteur charitable s'étoient aussi étendus sur eux. Tous veulent le voir encore une fois. Ceux qui sont déjà entrés dans

la chambre funéraire, s'efforcent, par une pieuse in-
dustrie, à s'y introduire une seconde fois pour le re-
voir encore. Ce concours attendrissant s'est prolongé
jusqu'au moment fixé pour les funérailles : elles ont eu
lieu le mardi, 16 mai, à dix heures du matin. Le convoi
funèbre parcourt les mêmes lieux où l'on avoit vu na-
guères se déployer une procession solennelle, lors de la
plantation de la croix ; mais, ici, un profond silence a
remplacé les joyeux cantiques et les acclamations religieuses ; il n'est interrompu que par le chant grave
et lugubre d'un clergé nombreux, et par les soupirs
étouffés et les sanglots d'une foule immense. Chacun se
presse à l'entour du cercueil, porté tour-à-tour par les
prêtres et par les notables de la paroisse, qui se disputent
à l'envi l'honneur de se charger de cette précieuse dépouille. Des bannières funèbres règlent l'ordre de la
marche : sur l'une d'elles on lit cette inscription qui ca-
ractérise bien le saint Prêtre : *Il étoit vraiment ce serviteur fidèle et prudent que le Seigneur avoit chargé du
soin de sa famille.* Le cortége étant arrivé à l'église,
qui a pu à peine contenir la moitié des assistans, on a
célébré la messe solennelle des morts. Après l'office, la
pompe funèbre s'est acheminée lentement vers cette
chapelle sépulcrale, où le Pasteur que nous pleurons
avoit préparé sa dernière demeure, en destinant un
caveau à la sépulture des prêtres. Le cercueil y par-
vient, accompagné de quatre à cinq mille personnes ;
les sanglots redoublent ; on entend, à travers les soupirs, s'échapper de mille voix étouffées ces mots dé-
chirans : *C'en est fait, c'en est donc fait, nous avons
perdu notre père, nous n'avons plus de père !...* Le
précieux dépôt est introduit dans la chapelle, les portes se referment.... le cortége se retire en silence, et s'il

peut y avoir encore quelques consolations pour tant d'âmes affligées, c'est dans le souvenir des vertus de celui qu'elles pleurent.

C'est ainsi que s'est terminée la vie de ce saint Prêtre : doué d'une humilité profonde et d'un grand amour pour Dieu , zélé pour le salut des âmes, orné de toutes les vertus sacerdotales, joignant à cela l'instruction, la sagesse , la prudence , la douceur et la bonté , il étoit encore excellent parent et ami sincère. Puissent cette vie exemplaire et cette mort précieuse devant Dieu , nous apprendre à bien vivre et à bien mourir. Ainsi soit-il.

DE L'IMPRIMERIE DE PERISSE FILS, IMPRIMEUR DU ROI, A LYON.